身边的科学

万物由来

纸

郭翔 / 著

 读漫画 / 知常识 / 晓文化 / 做实验

北京理工大学出版社
BEIJING INSTITUTE OF TECHNOLOGY PRESS

版权专有 侵权必究

图书在版编目（CIP）数据

万物由来.纸/郭翔著.—北京：北京理工大学出版社，2018.2（2022.6重印）

（身边的科学）

ISBN 978-7-5682-5166-2

Ⅰ.①万… Ⅱ.①郭… Ⅲ.①科学知识—儿童读物 ②纸—儿童读物 Ⅳ.①Z228.1②TS761-49

中国版本图书馆CIP数据核字（2018）第001966号

出版发行 / 北京理工大学出版社有限责任公司	
社　　址 / 北京市海淀区中关村南大街5号	
邮　　编 / 100081	
电　　话 /（010）68914775（总编室）	
（010）82562903（教材售后服务热线）	
（010）68948351（其他图书服务热线）	责任编辑 / 张　萌
网　　址 / http://www.bitpress.com.cn	策划编辑 / 张艳茹
经　　销 / 全国各地新华书店	特约编辑 / 马永祥
印　　刷 / 雅迪云印（天津）科技有限公司	董丽丽
开　　本 / 889毫米 × 1194毫米　1/16	插　画 / 张　扬
印　　张 / 3	装帧设计 / 何雅亭
字　　数 / 60千字	刘龄蔓
版　　次 / 2018年2月第1版　2022年6月第14次印刷	责任校对 / 周瑞红
定　　价 / 24.80元	责任印制 / 王美丽

图书出现印装质量问题，请拨打售后服务热线，本社负责调换

开启万物背后的世界

树木是怎样变成纸张的？蚕茧是怎样变成丝绸的？钱是像报纸一样印刷的吗？各种各样的笔是如何制造的？古代的碗和鞋又是什么样子呢？……

每天，孩子们都在用他们那双善于发现的眼睛和渴望的好奇心，向我们这些"大人"抛出无数个问题。可是，这些来自你身边万物的小问题看似简单，却并非那么容易说得清道得明。因为每个物品背后，都隐藏着一个无限精彩的大世界。

它们的诞生和使用，既包含着流传千古的生活智慧，又具有严谨务实的科学原理。它们的生产加工、历史起源，既是我们这个古老国家不可或缺的历史演变部分，也是人类文明进步的重要环节。我们需要一种跨领域、多角度的全景式和全程式的解读，让孩子们从身边的事物入手，去认识世界的本源，同时也将纵向延伸和横向对比的思维方式传授给孩子。

所幸，在这套为中国孩子特别打造的介绍身边物品的百科读本里，我们看到了这种愿景与坚持。编者在这一辑中精心选择了纸、布、笔、钱、鞋、碗，这些孩子们生活中最熟悉的物品。它以最直观且有趣的漫画形式，追本溯源来描绘这些日常物品的发展脉络。它以最真实详细的生产流程，透视解析其中的制造奥秘与原理。它从生活中发现闪光的常识，延伸到科学、自然、历史、民俗、文化多个领域，去拓展孩子的知识面及思考的深度和广度。它不仅能满足小读者的好奇心，回答他们一个又一个的"为什么"，更能通过小实验来激发他们动手探索的愿望。

而且，令人惊喜的是，这套书中也蕴含了中华民族几千年的历史、人文、民俗等传统文化。如果说科普是要把科学中最普遍的规律阐发出来，以通俗的语言使尽可能多的读者领悟，那么立足于生活、立足于民族，则有助于我们重返民族的精神源头，去理解我们自己，去弘扬和传承，并找到与世界沟通和面向未来的力量。

而对于孩子来说，他们每一次好奇的提问，都是一次学习和成长。所以，请不要轻视这种小小的探索，要知道宇宙万物都在孩子们的视野之中，他们以赤子之心拥抱所有未知。因此，我们希望通过这套书，去解答孩子的一些疑惑，就像一把小小的钥匙，去开启一个大大的世界。我们希望给孩子一双不同的看世界的眼睛，去帮助孩子发现自我、理解世界，让孩子拥有受益终生的人文精神。我们更希望他们拥有热爱世界和改变世界的情怀与能力。

所谓教育来源于生活，请从点滴开始。

北京理工大学材料学院与工程学院
教授，博士生导师 王博

小纸片成长相册

嗨,我叫小纸片,是一个快乐调皮的纸精灵。我喜欢人们在我的身上写字、画画,让我的人生变得丰富多彩。我经历了很多有趣的事,一起来看看吧。

我最喜欢听大树爷爷讲造纸的故事

我和小伙伴一起在纸工厂里工作

我的足迹遍布世界各地

我和人类创造的艺术品

我在纸制品展览会上当解说员

我的重生之路

目录

- 2 热闹的纸世界
- 4 没有纸,古人把字写在哪儿
- 6 纸是谁发明的
- 12 纸是如何制造的
- 20 种类繁多的纸家族
- 22 探秘纸制品加工厂
- 34 令人惊叹的纸艺术
- 36 废纸的重生之路
- 38 小纸片生活课
- 42 关于纸的真真假假
- 44 小纸片旅行记

热闹的纸世界

你知道吗？我们生活在一个充满了纸的世界，每天我们都在接触它、使用它，纸让我们的生活变得如此便利和有趣。那么你的周围有哪些东西是用纸做的呢？我们来找一找吧！

没有纸，古人把字写在哪儿

纸对我们的生活如此重要，小朋友经常用来写字的本子都是用纸做的。可是，在古代很长一段时间里，纸是不存在的。那么，在没有发明纸以前，文字要写在哪里呢？

刻在龟甲和兽骨上

3000多年前的商代，人们使用刀笔，把文字刻画在龟甲或兽骨上来记录事情。

铸在青铜器上

商周时代，人们将需要保存的文字记录铸在青铜器上。

我也很好奇哦。

小纸片历史课

竹简上写错字了怎么修改？

很简单，古人会用特别锐利的书刀，把错的字从竹片上削掉，然后重新书写。那时的读书人常常随身带着书刀和笔，以便随时修改。用青铜打造的书刀都带有圆环，以便随身携带。

写在绢帛上

西汉时，王公贵族使用绢帛来写字。绢帛价格昂贵，只能供少数王公贵族使用。

写在竹简上

春秋末期，人们使用竹片或木片（统称为竹简）来写字，十分方便。只是连在一起的竹简十分笨重。

古埃及人在莎草纸上写字

5000多年前，埃及人用纸莎草这种植物的茎制成一种书写材料，它在干燥的环境下可以保持千年而不腐烂。

在黏土板上刻字

大约5000多年前，苏美尔人以尖锐的芦苇秆当笔，将文字刻在湿软的黏土板上来记录事情。

小纸片历史课

学富五车

中国有个成语叫"学富五车"，就是说一个人读的书能装满五辆马车，形容读书多，学识丰富。但是，这里的"书"可不是纸张做的，而是竹简做的。那时的竹简又大又沉，想要读完一部书，或许要搬动一马车的竹简呢。因此在纸张没发明之前，读书可真是一件力气活啊！

在羊皮上写字

2000多年前，古希腊人将文字书写在经过处理的羊皮上。

在树皮上写字

中美洲印第安人曾将树皮剥下，用力捶打成薄片后，用来写字。

纸是谁发明的
造纸术诞生于中国

造纸术是中国古代伟大的"四大发明"之一，中国是世界上最早发明纸的国家，**领先欧洲 1000 多年**。纸张的出现，改变了人们的书写方式，使很多重要的文字和信息得以保留下来。那么纸是如何被发明并被广泛使用的呢？

1 1957年，考古学家在西安灞桥出土了西汉初期的麻纸，被确认为现存世界上最早的植物纤维纸。它的发现，说明早在西汉时代，我国劳动人民就已经掌握了用黄麻、大麻等植物的茎或树皮造纸的技术。但这种纸很粗糙，不便于书写。

2 东汉时期，公元105年，蔡伦改进了造纸术，发明了用树皮、破渔网、麻头等做原料的纸张制作工艺，成功地制造了一种既经济又适合书写的纸张。这样，蔡伦的造纸方法很快传遍各地。

3 公元404年，楚帝桓玄下令以纸代简，使纸张成为正式的书写材料，包括书写公文。从此，用竹简书写文字的历史宣告结束。

4 魏晋南北朝时，人们在树皮造纸的基础上发展了藤皮造纸，使纸产量增大。纸也成为重要的文化商品，还留下了"洛阳纸贵"的故事。

小纸片语文课
洛阳纸贵

"洛阳纸贵"这个成语，你知道是怎么来的吗？原来，在西晋太康年间出了位很有名的文学家叫左思，他的作品《三都赋》在京城洛阳广为流传，人们交口称赞，竞相传抄。为此，造成纸张缺货。纸店老板只好到处去进货，纸的价格也涨了好几倍。后来，人们就用这一成语来比喻作品风行一时、广为流传。

5 隋唐时，纸的加工技术突飞猛进，纸的品种和样式也越来越多，不但出现了10种颜色的染色纸，还出现了备受书画家喜爱的用青檀树皮制成的宣纸。唐代的人们还以竹子为原料制成了竹纸，这种造纸技术要比国外早1000年左右。

6 宋朝时，纸的用途越来越广，除书画、印刷和日常生活外，我国还发行了世界上最早的纸币，名为"交子"。北宋纸币的发明比欧洲早了600多年。

7 明清时，手工造纸已经到了非常完美的地步，出现了各种非常精美的装饰用纸，比如用于室内装饰的壁纸和用于喜庆吉事的金华纸等，并且远销国外。

小纸片语文课
《咏纸》
——梁元帝 萧绎

皎白如霜雪，方正若布棋。
宜情且记事，宁同渔网时。

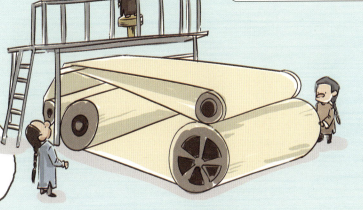

8 到了清代末期，手工造纸业日渐衰落，随着机器造纸技术的引入，我国造纸业由手工制作造进入了机器制造的全新阶段。

那些造纸的重要人物

纸最初是由谁发明的？历史上并没有明确记载。但在我国古代造纸的历史长河中，却有一些重要人物对造纸术做出了巨大的贡献。他们通过自己的智慧和努力，改进了造纸的方法和工艺，制造出了许多令人称赞的名纸。直到今天，其中的一些纸张和造纸方法依然在流传。

蔡伦与"蔡侯纸"

东汉时期，有个叫蔡伦的宦官，掌管着宫廷御用手工作坊。由于当时的纸张粗糙而不能用于书写，蔡伦便用了十几年的时间来改进造纸方法，并采用树皮、破渔网、麻头等作原料，成功地制造了一种既经济又适合书写的纸张——"蔡侯纸"。直到现在，我们使用的宣纸、绵纸还沿用当初蔡伦造纸的方法。蔡伦的造纸术对人类文化的传播和世界文明的进步作出了杰出的贡献，千百年来备受人们的尊崇。他不但被后人奉为造纸鼻祖、"纸神"，还**被列入"影响人类历史进程的100名人排行榜"中，因突出的成就排在第七位。**

左伯与"左伯纸"

蔡伦死后大约80年（东汉末年），又出了一位造纸能手，名叫左伯。左伯是当时有名的学者和书法家，他总结了蔡伦造纸的经验，改进了造纸工艺，造出来的纸厚薄均匀，质地细密，具有光泽，适于书写，深受当时文人的喜爱，称之为"左伯纸"。

薛涛 与"薛涛笺"

薛涛是唐朝非常有才华的女诗人,因此上门求诗求词的人很多。可是,当时的纸张价格昂贵,尺寸较大不便书写。为了写诗方便,她在成都浣花溪采用木芙蓉皮做原料,加入芙蓉花汁,自己设计制作了一种深红色精美的小彩笺专门写诗,又被称为"薛涛笺"。后来纸张的颜色多达十种,自此,好多地方纷纷效仿,有力地推动了唐代造纸业的发展。

李煜 与"澄心堂纸"

南唐的最后一位君主李煜擅于书法、诗词、绘画,对用纸也特别考究。他让纸工按照自己的心意,造出了一种细薄光滑又坚韧的宣纸。李煜非常喜欢这种纸,还专门把他读书、阅览奏章的"澄心堂"腾出来贮藏它,"澄心堂纸"由此而来。李煜将"澄心堂纸"视为御纸,专供宫廷使用。因此,这种纸变得非常珍贵,重金难求。

谢景初 与"谢公笺"

宋代的谢景初博学多才,他受薛涛造纸笺的启发,在益州设计制造出10种色彩的书信专用纸。这种纸色彩艳丽新颖,雅致有趣,有深红、粉红、杏红、明黄、深青、浅青、深绿、浅绿、铜绿、浅云十种颜色,与"薛涛笺"齐名。

纸的传播影响全世界

纸具有重量轻、价格低、便于书写的优点,受到世界各国人民的喜爱。于是,近2000年来,中国纸和造纸术越过千山万水,沿着中国—阿拉伯地区—欧洲这条路线向整个世界传播,历程数万公里,为世界文明的传承和发展做出了不可磨灭的贡献。

5 中世纪时期,阿拉伯人又把造纸术传到了欧洲。公元1150年,阿拉伯人在**西班牙**建立了欧洲第一个造纸厂。之后,欧洲各个国家纷纷建立了自己的造纸厂。到了15世纪中期,欧洲人普遍使用纸张,羊皮不再作为书写材料。

6 **美国**在独立之前,于1690年在费城附近建立了第一家造纸厂。加拿大则在1803年才建立了真正的造纸厂。到了19世纪,造纸术逐步流传到了全世界。

7 18世纪,欧洲各国的纸张生产,逐步选用木材作为原料,并从手工劳动方式过渡到机械操作。至此,翻开了造纸业新的一页。

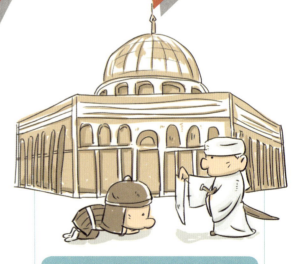

4 公元751年,唐朝和阿拉伯帝国发生了一场战争,唐军战败。被俘虏的一些唐军士兵中,有些是造纸工匠,于是造纸术传到了**阿拉伯地区**,当地开设了第一个造纸厂。

纸是如何制造的
古人手工造纸

当我们欣赏千百年前古人留下的书画时，感觉就像穿越时光隧道一样神奇。你是否会惊叹古代的纸怎么可以保存那么久？除了专业的保存技术外，古代的纸里面究竟隐藏了什么"长寿"的秘密？而古人又是如何造纸的呢？让我们一起来看看吧！

1 准备原料

纸是由纤维素互相交缠而成，所以古人选择纤维素较多的植物来造纸。

常用的植物材料有以下三种：
- **麻料**——如苎麻、黄麻、大麻等植物的外皮。
- **树皮料**——如楮树、青檀、桑树等植物的皮。
- **竹料**——如毛竹、慈竹等各种竹子。

> 麻类的纤维细长，是造纸最好的材料，用它造成的纸，"寿命"可长达2000年以上。是不是很厉害呢？

2 切碎原料

首先，将植物原料连同麻头、粗布、旧渔网等材料一起切碎。

3 清洗

洗一洗，搅一搅，让原料变得干净。

小纸片科学课

为什么要浸泡呢？

植物原料中含有会使纤维素粘成一束束的果胶，以及容易使纸张变黄、变脆的木质素，因此必须将原料浸泡在水中半年以上，让水中微生物以果胶为养分繁殖，直到果胶完全被消耗掉为止，这种方法称为"水沤法"。这时，木质素也会因为失去果胶的附着而脱落。

小纸片科学课
为什么要放入石灰？

为了去除大麻、树皮等植物原料中的果胶，西汉时，古人在水中加入生石灰使水温升高，促进脱胶效果。东汉时，改用加入草木灰再用火煮。草木灰有较大的碱性，可以溶解果胶和木质素，有利于提高纸浆的质量。

4 浸泡
干净的原料需要放到大桶里或池水中浸泡半年以上。

5 蒸煮
把泡好的原料放入一个大桶内，与石灰一起蒸煮，直至完全煮烂。

6 日光漂白
为了使纸张更白，明清时代的古人将原料搭在木架或竹架上晒，以促使有色的纤维素借由大气中的臭氧得到漂白。然后，再把原料放入有孔的皮囊中，置于河流中冲洗。

你知道吗？这个步骤必须重复三次，称为"三漂三洗"，时间要半年以上。经过这样处理的纸张，不但颜色较白，也不容易受环境影响而快速老化。

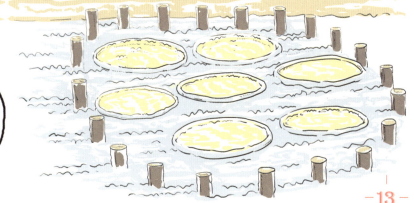

7 打成纸浆

将泡软的原料先放在石臼里打烂,再倒入水槽内,打成黏黏糊糊的纸浆。

8 添加纸药水

将纸浆倒入抄纸槽,并加入由黄蜀葵或杨桃藤等植物做成的"纸药水",这样做成的纸才不会薄厚不均,且能让纸张更加结实。

9 抄纸

等纸浆冷却后,就可以用竹帘把纸浆捞起,成为纸膜。这可需要很熟练的技巧呢。

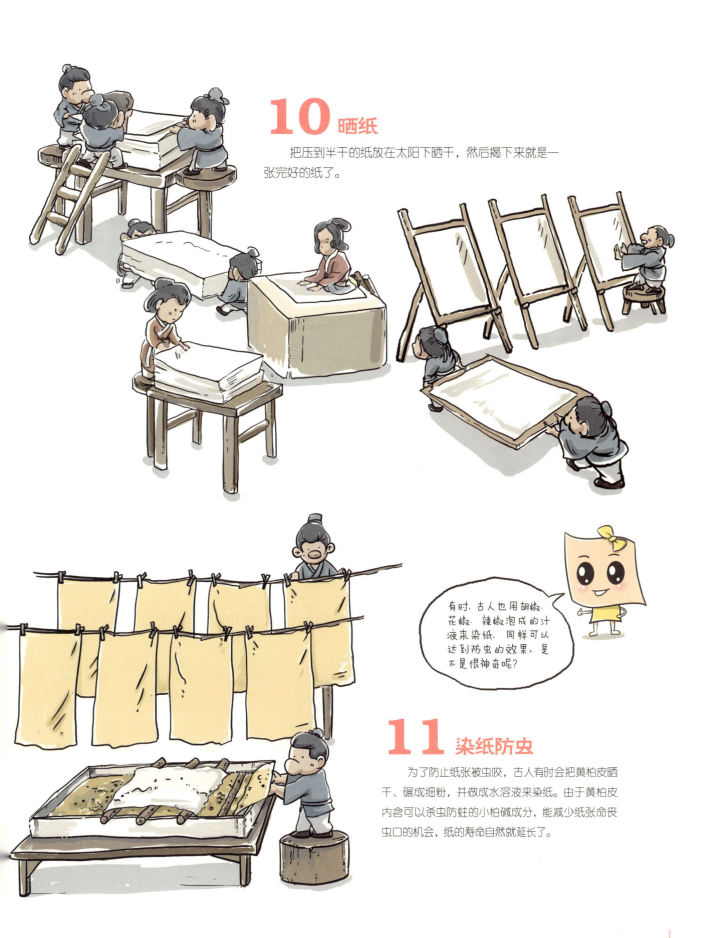

10 晒纸

把压到半干的纸放在太阳下晒干,然后揭下来就是一张完好的纸了。

有时,古人也用胡椒、花椒、辣椒泡成的汁液来染纸,同样可以达到防虫的效果,是不是很神奇呢?

11 染纸防虫

为了防止纸张被虫咬,古人有时会把黄柏皮晒干、碾成细粉,并做成水溶液来染纸。由于黄柏皮内含可以杀虫防蛀的小柏碱成分,能减少纸张命丧虫口的机会,纸的寿命自然就延长了。

现代工业化造纸

现在，我们用的纸张大多是由木材制成的，并使用机器和化学制剂来加快造纸的速度。那么树木是怎样变成纸张的呢？跟着我们一起去参观一下现代造纸厂吧！

1 伐木

首先，伐木工人会把大树砍下来，成为木材。

6 分离木质素

在大锅中放入特别的化学制剂（氢氧化钠和硫），这样高温加热后，木头里的木质素就被分解出来了，只留下木纤维。

7 制浆

将木浆和水放入打浆机中，搅拌研磨，成为纸浆。

8 调制

添加化学制剂，能使纸张更加光滑、柔韧、洁白。

小纸片自然课

猜一猜我们在哪个季节砍伐树木呢？

长着阔叶的树木一般在秋天或者冬天砍伐，这时树干中的汁液不再向上流动，所以树木可以很快被晒干。长着针状叶的树木则一年四季都可以砍伐。

2 运输

大树被去掉枝叶，锯成长短一致的木段，即原木。原木被运往造纸厂。

木纤维

你知道吗，木头是由三部分组成的：木纤维、木质素和水。造纸的时候一般只使用木纤维，而木质素是要被去除的，因为木质素会使纸张发黄而且易碎。

3 去皮

原木被投入一个巨大的滚筒里，进行去皮。

5 熬煮

把碎木片放入巨大的锅里熬煮。

4 粉碎

去皮后的木头被投入粉碎机中，粉碎成木片。

10 漂白

纸浆在一个巨大的圆筒里进行漂白处理，这样纸张才会更白更漂亮。

9 精炼

纸浆被旋转的叶片继续搅拌，以使更多的纤维分离出来，这样能造出更柔韧的纸。

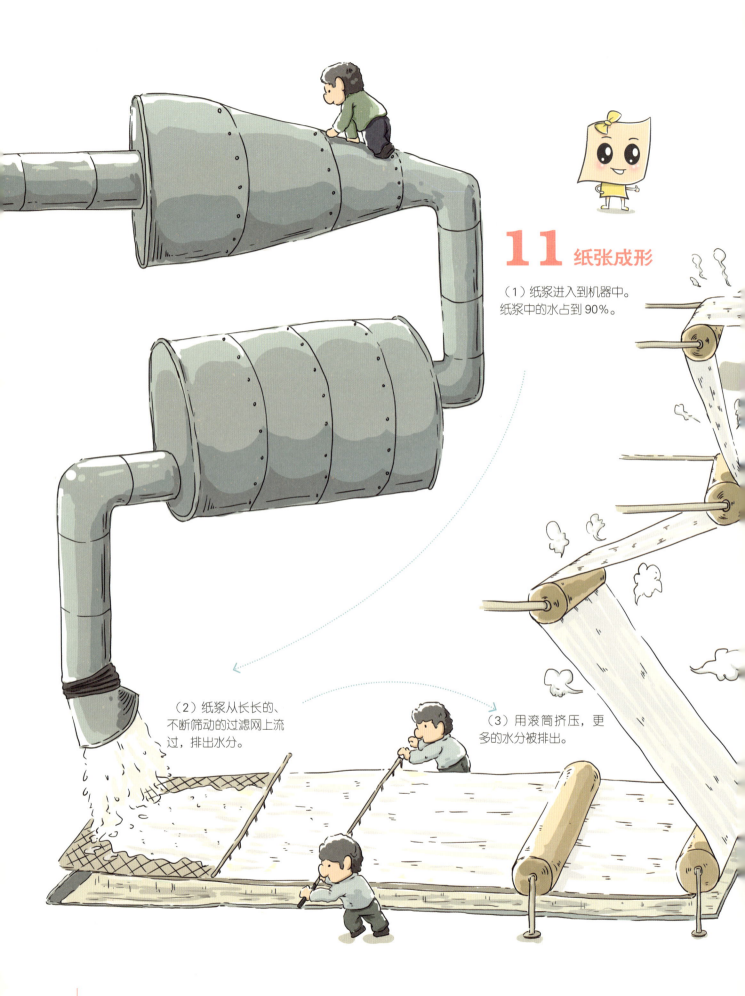

11 纸张成形

（1）纸浆进入到机器中。纸浆中的水占到90%。

（2）纸浆从长长的、不断筛动的过滤网上流过，排出水分。

（3）用滚筒挤压，更多的水分被排出。

12 烘干

又长又薄的湿纸从一系列高温圆筒间穿过,渐渐被烘干。

13 卷纸

最后,纸张被卷纸机卷成一大卷儿。

小纸片科学课
可以报警的纸

科学家们发明了一种特殊的纸,当纸的温度达到150℃时,就会自动放出一种无味无害的气体,驱动烟火探测器发出报警信号。

14 纸制品

用裁纸机将大得像床单一样的纸切成不同尺寸,并打包分装,制成各种纸制品。

种类繁多的纸家族

每天，我们都会接触到各种各样的纸：爷爷看的报纸，爸爸工作用的画图纸，妈妈化妆用的纸巾，小朋友用的画纸……正是这些种类繁多的纸，才让我们的生活变得如此方便和多姿多彩。那么，按照不同用途，一些常用的纸又该如何分类呢？

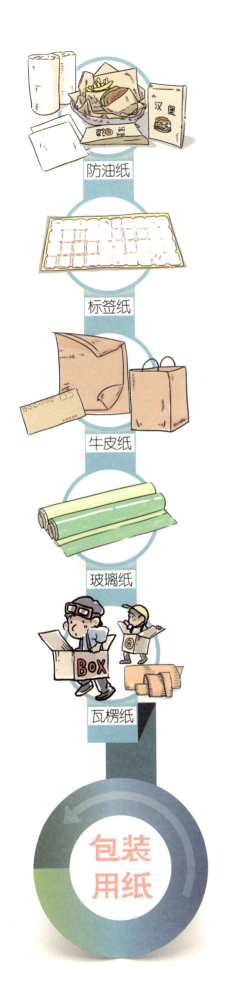

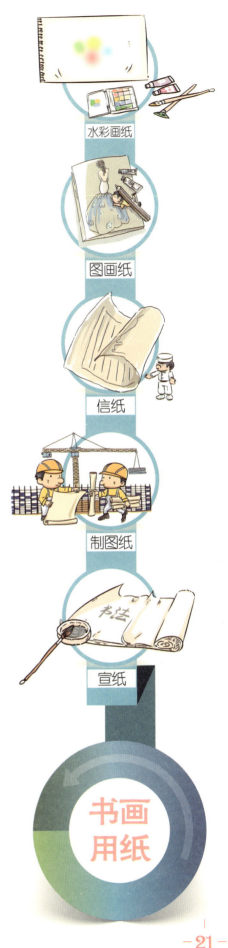

探秘纸制品加工厂
面巾纸是怎么制作的？

每次用餐时，我们都要用到面巾纸。你发现了吗，当你每次抽出一张纸时就会带出另外一张，看起来好神奇。这是怎么做到的？我们一起来寻找答案吧！

1 制作纸浆

（1）把切割好的木屑放在大锅里熬煮。

2 制作原纸

（1）将水和纸浆放入混合机里搅拌。

（2）将搅拌好的纸浆倒在滤网上摊平，滤去水分。

（2）熬出的木浆是茶色的，要用漂白剂漂白，这样纸张才会更白更漂亮。

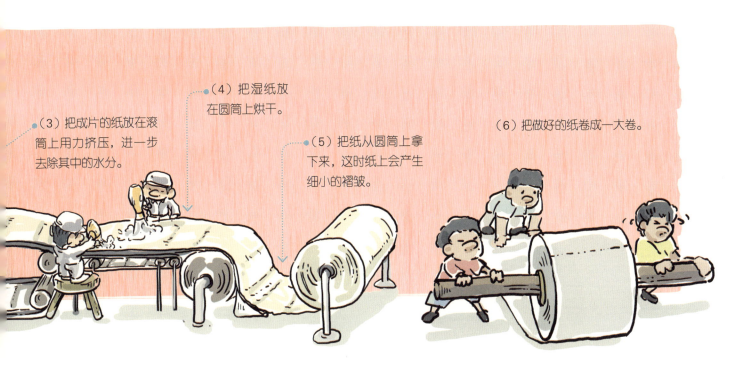

（3）把成片的纸放在滚筒上用力挤压，进一步去除其中的水分。

（4）把湿纸放在圆筒上烘干。

（5）把纸从圆筒上拿下来，这时纸上会产生细小的褶皱。

（6）把做好的纸卷成一大卷。

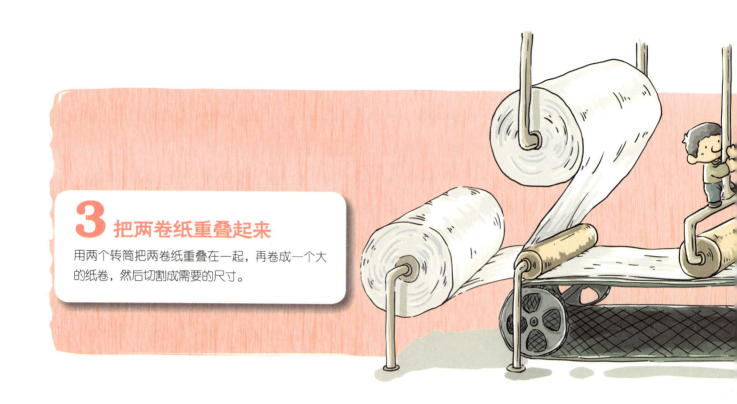

3 把两卷纸重叠起来

用两个转筒把两卷纸重叠在一起,再卷成一个大的纸卷,然后切割成需要的尺寸。

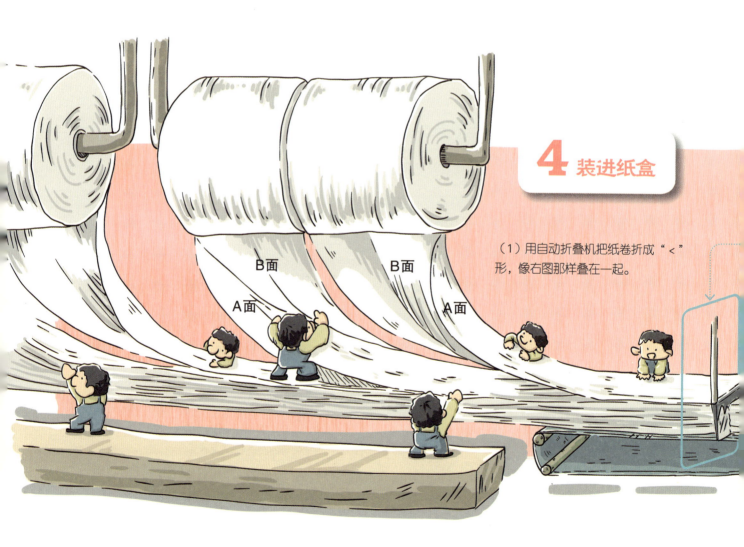

4 装进纸盒

(1)用自动折叠机把纸卷折成"<"形,像右图那样叠在一起。

小纸片科学课

为什么要把两张抽纸重叠在一起？

这是因为要使面巾纸柔软，就要做得非常薄，但是太薄的纸又很容易破，因此面巾纸一般都是把两张重叠在一起来增加强度。而另一个原因，是因为面巾纸两面略有不同，一面比较光滑，一面比较粗糙。把两张纸光滑的一面都向外，粗糙的一面相对重叠，这样空气就会很容易被包在里面，纸碰到我们的皮肤时就会有柔软舒适的感觉了。

（2）切成需要的尺寸，装进纸盒，柔软好用的面巾纸就做好了。

纸杯是怎么制作的？

当我们在野外聚餐时，常常会用到纸杯来喝水或饮料。纸杯既安全卫生，携带起来又轻巧方便。那么纸杯为什么不会被水浸湿呢？它是如何生产出来的？一起去看看吧。

纸杯的结构

2 给纸板覆膜

为了防止纸杯漏水，要在纸板的一面压上一层聚乙烯薄膜。

（1）将制作薄膜的聚乙烯树脂颗粒倒入漏斗状的机器里。

（2）加热熔化变成液体。

（3）熔化的液体经过冷却、挤压，制成薄膜。

（4）滚筒将薄膜压贴到纸板上。

这种薄膜除防水外，还可以让纸张更结实，并能让纸杯盛装热饮。

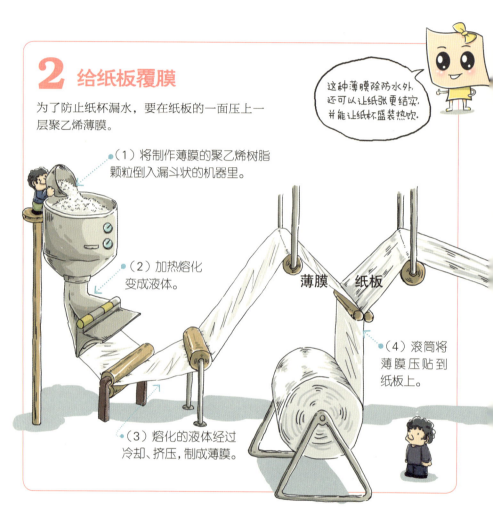

1 准备纸卷

将生产纸杯用的巨大纸卷，输送到自动换卷机上。

3 印刷图案

在没有覆膜的纸板一面，印上相应的图案。

4 烘干

在传送带上将印刷的图案烘干。

5 制作杯身

(1) 将巨大的纸板切分成一个个扇形的杯身。

(2) 用燃气喷灯加热扇形纸板接缝处的薄膜。

(3) 模具将扇形的纸板卷成桶状，接缝处熔化的薄膜可以使纸板粘在一起。

6 制作杯底

将另一张覆膜后的纸板切割成一排排的圆形杯底。

7 组装纸杯

(1) 用燃气喷灯分别加热杯身与杯底接缝处的薄膜，使之熔化具有黏性。

(2) 用旋转中的圆形模具，将杯底折入杯身底部。

(3) 通过挤压，将杯底与杯身粘牢。

(4) 接着，卷边机会将杯口的边缘卷起来，以防伤到嘴。

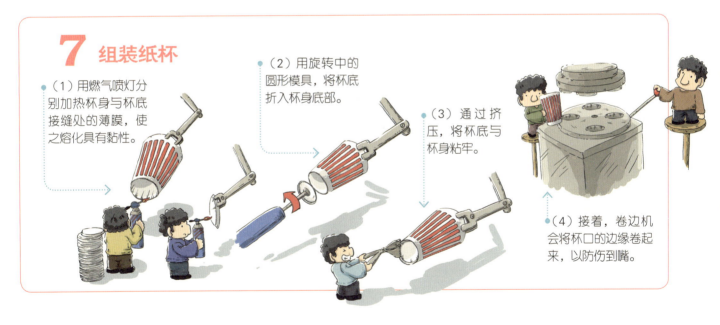

8 包装成品

制作完成的纸杯，经过消毒之后，就可以包装上市了。

纸箱是怎么制作的？

你是否常用纸箱来装一些玩具和杂物？它们轻便又结实，很方便搬来搬去。而生活中，最常见的就是那种纸板夹层为波浪状的黄色纸箱了，又称为瓦楞纸纸箱。你想知道它是怎么制作的吗？我们一起去纸箱加工厂看看吧。

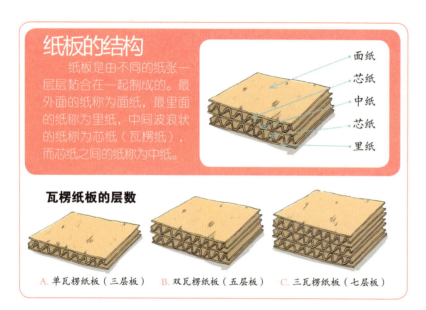

纸板的结构

纸板是由不同的纸张一层层黏合在一起制成的。最外面的纸称为面纸，最里面的纸称为里纸，中间波浪状的纸称为芯纸（瓦楞纸），而芯纸之间的纸称为中纸。

面纸
芯纸
中纸
芯纸
里纸

瓦楞纸板的层数

A. 单瓦楞纸板（三层板）　　B. 双瓦楞纸板（五层板）　　C. 三瓦楞纸板（七层板）

3 黏和瓦楞纸板

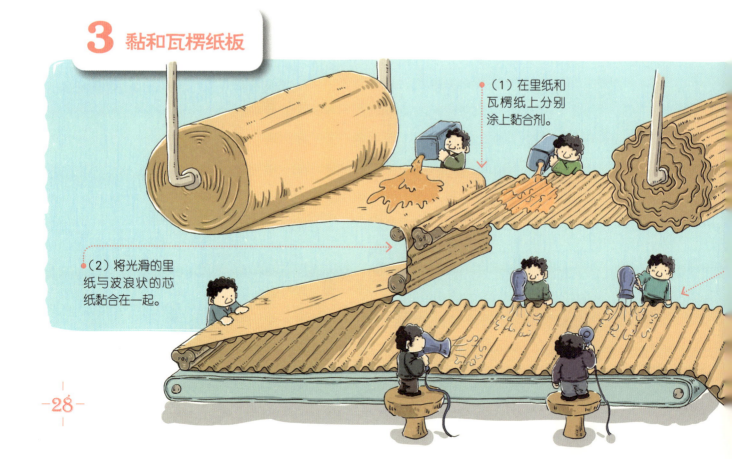

（1）在里纸和瓦楞纸上分别涂上黏合剂。

（2）将光滑的里纸与波浪状的芯纸黏合在一起。

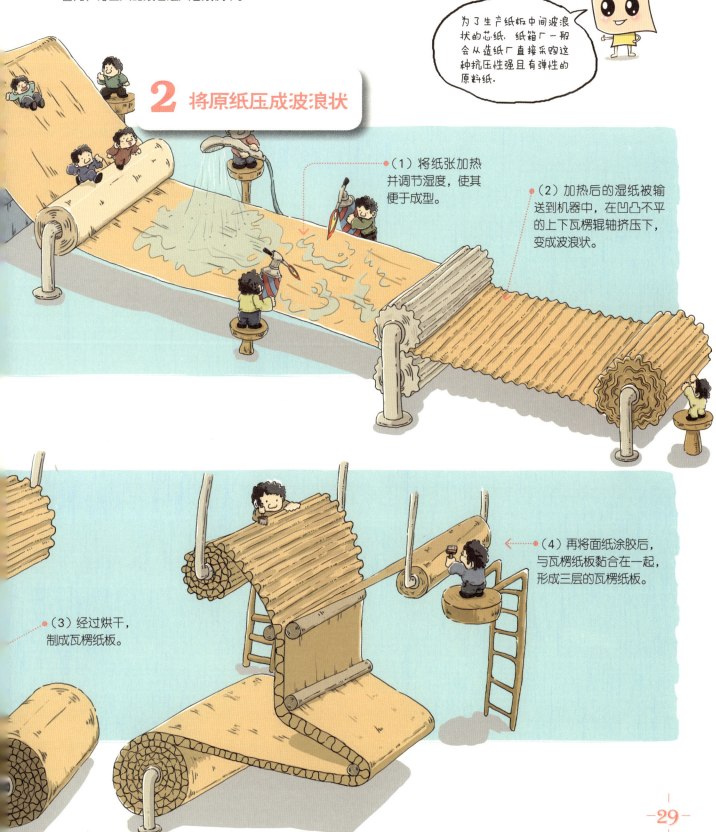

5　裁切纸板

按一定的规格，用旋转式刀片对纸板进行切割，并去除多余的部分。

4　加入防潮剂

为了防止纸箱吸水变潮，需要在纸板表面喷涂防潮剂。

小纸片历史课

瓦楞纸箱的发明历史

你一定想不到，瓦楞纸最早是被用来当作帽子的内衬来生产的。在1856年，英国人爱德华·希利和爱德华·艾伦兄弟俩发明了将纸张挤压成波浪状的工艺，并用其制作帽子内衬而大受欢迎。之后，1871年，美国人阿尔伯特·琼斯发明了单面瓦楞纸板，用于包装玻璃灯罩和类似的易碎物品。到了19世纪末，美国开始采用瓦楞纸板制作包装运输箱，从此瓦楞纸箱迅速流行，并逐渐代替了木箱。

7　印刷图案

印刷机将各种设计好的图案印刷到纸板上。

6 压制折痕

通过压痕机压制出纸箱折叠处的凹痕,便于折叠。

小纸片科学课

芬兰婴儿睡在纸箱里!

你知道吗,在20世纪30年代,芬兰还是一个贫穷的国家,婴儿的死亡率非常高。为了让宝宝们能够顺利长大,那时,芬兰政府会给每个准妈妈送一份礼物——一个纸箱子。这个被称作"产科包"的纸箱里装满了衣服、玩具和各种婴儿必需品。最有意思的是,纸箱的底部竟然是一张床垫,只要铺好床单,纸箱就摇身一变成为宝宝人生的第一张床。直到今天,芬兰依然是世界上婴儿死亡率最低的国家之一。

---

8 加工成纸箱

按纸箱的需要,分别对纸板打钉或黏和,并折叠成纸箱。

谁发明了一次性纸制品？

为了使生活更加便捷，人们发明了很多一次性的纸制品。这些用完就可以随手扔掉的纸制品，大大地改变了人们的生活方式。

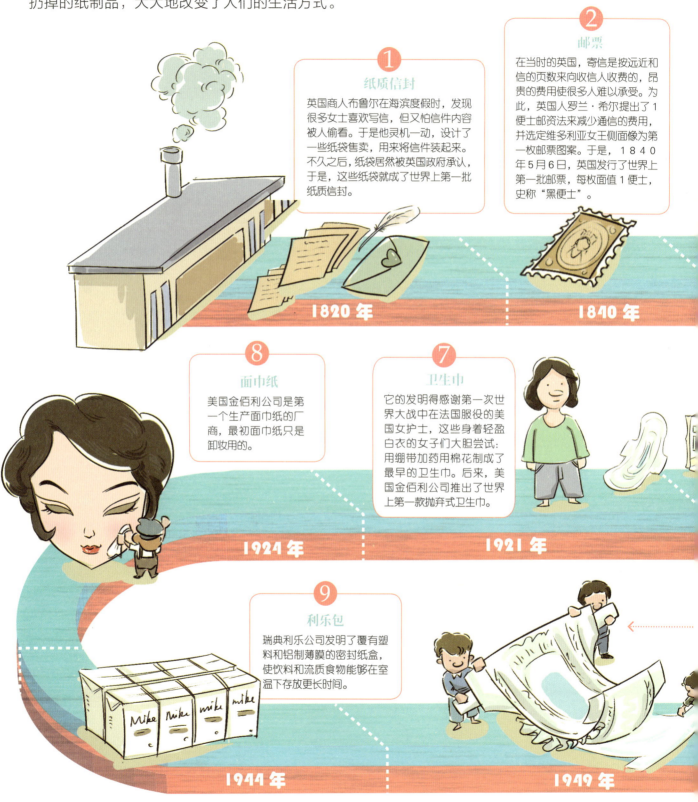

1 纸质信封

英国商人布鲁尔在海滨度假时，发现很多女士喜欢写信，但又怕信件内容被人偷看。于是他灵机一动，设计了一些纸袋售卖，用来将信件装起来。不久之后，纸袋居然被英国政府承认，于是，这些纸袋就成了世界上第一批纸质信封。

1820年

2 邮票

在当时的英国，寄信是按远近和信的页数来向收信人收费的，昂贵的费用使很多人难以承受。为此，英国人罗兰·希尔提出了1便士邮资法来减少通信的费用，并选定维多利亚女王侧面像为第一枚邮票图案。于是，1840年5月6日，英国发行了世界上第一批邮票，每枚面值1便士，史称"黑便士"。

1840年

8 面巾纸

美国金佰利公司是第一个生产面巾纸的厂商，最初面巾纸只是卸妆用的。

1924年

7 卫生巾

它的发明得感谢第一次世界大战中在法国服役的美国女护士，这些身着轻盈白衣的女子们大胆尝试：用绷带加药用棉花制成了最早的卫生巾。后来，美国金佰利公司推出了世界上第一款抛弃式卫生巾。

1921年

9 利乐包

瑞典利乐公司发明了覆有塑料和铝制薄膜的密封纸盒，使饮料和流质食物能够在室温下存放更长时间。

1944年

1949年

方底纸袋子

先前的纸袋子都是扁平的，就像信封一样，并不能用来装太多的东西。为此，我们要感谢美国人玛格丽特·奈特，她发明了一种机器，可以制造出像现在购物袋一样的方底纸袋子。

纸箱

美国纸袋子制造商罗伯特·盖尔将印刷纸袋的机器加以改装，用来裁切和弄皱纸板，从而发明了可折叠的纸箱。之后，方便运输的纸箱很快就替代了包装用的木箱。

卷筒纸

将卫生纸卷起来而不是松散地摊开，纸张之间每隔一定长度就做一条分割线以方便撕扯，这一想法最早出自美国人赛斯·惠勒。

1868年　　1879年　　1891年

纸杯

在纸杯出现之前，人们在公共场所饮水时，只能共用一只附在水龙头上的锡杯，这样子很容易传染疾病。之后，美国人劳伦斯发明了纯净水自动售卖机，可是配套的陶瓷杯却很容易碎掉。为此，他的弟弟休·摩尔发明了这种不会被水浸湿的纸杯。

1908年

一次性纸尿裤

最早，德国人发明了一种吸水性很强的纤维绵纸，于是瑞典的一家公司将这种绵纸制成了一次性纸尿裤。虽然很好用，但是还不能解决尿液渗透的问题。后来，一位美国妈妈想到在尿布或一次性纸尿裤下面可以加上一个防水层，并申请了专利，从而诞生了婴儿纸尿裤。

便利贴

最早，3M公司的研究员史宾斯·西尔弗发明了一种胶水，但是因为黏性不够强而一直不被看好。后来，他的同事阿特·弗赖伊想到把这种胶水用于制造贴纸，从而发明了这种可反复张贴的便利贴。

20世纪80年代

令人惊叹的纸艺术

不要小看简简单单的一张纸，在人们的创意下，它被赋予了各种奇思妙想，从而成为各种令人惊叹的艺术品。

灯笼

灯笼又称为灯彩，起源于2000多年前的西汉时期。当时每年的农历正月十五元宵节，人们都挂起象征团圆意义的红灯笼，来营造一种喜庆的氛围。后来灯笼就成了中国人喜庆的象征，并形成了丰富多样的品种，有人物、山水、花鸟、龙凤、鱼虫等，除此之外还有专供人们赏玩的走马灯。中国的灯彩综合了绘画、剪纸、纸扎、刺缝等工艺，达到了高超的艺术水平。

剪纸

你知道吗？剪纸艺术可是中国最古老的民间艺术之一，距今已经有1500年的历史了。人们用剪刀将纸剪成各种各样的图案，如窗花、门笺、墙花、顶棚花、灯花等，每逢过节或新婚喜庆的日子，便将美丽鲜艳的剪纸贴在家中窗户、墙壁、门和灯笼上，从而让节日和喜事的气氛变得更加热烈。

风筝

风筝是中国人发明的，源于春秋时代，至今已2400余年。南北朝时风筝曾被作为通信求救的工具。从隋唐开始人们将用于军事上的风筝转化为娱乐用途，并于宫廷中放风筝。由于造纸业的发达，民间开始用纸来裱糊风筝。到了宋代，放风筝成为人们喜爱的户外活动。

折纸

　　几乎每个小朋友都喜欢折纸的游戏，可是你知道折纸也是一种艺术吗？折纸也是起源于中国，在公元7世纪中期，大唐帝国成为全球最强大的开放文明的国家，折纸艺术也就是在那时候伴随着中国人民的美好祝福传播到了世界各国，并在日本得到发展。如今，折纸艺术更是令人惊叹，一张白纸，经过剪剪折折，就变成了一件栩栩如生的艺术品，是不是很奇妙呢？

纸扎

　　你看到过各种造型的纸灯笼和纸人纸马吗？会不会觉得很惊奇呢？其实，这就是纸扎艺术。它起源于中国古代民间宗教祭祀活动，后来逐渐成为庆祝节日的一种装饰艺术。纸扎做起来并不简单，需要将扎制、贴糊、剪纸、泥塑、彩绘等各种技艺融为一体，不仅可以做成灯笼，还可以做成花草、鸟兽等形状。

纸雕

　　18世纪中叶，欧洲一群喜爱创作的艺术家开启了纸雕艺术的大门，他们利用简单的工具及不同的纸张，创作出许多主题式的纸雕作品，形成了它独具特色的艺术美。

废纸的重生之路

你是不是经常将用过的废纸扔在垃圾桶里?那么,这些被扔掉的纸还有用吗?当然,作为回收资源,这些废纸都会被回收垃圾的卡车运走并被再次利用。可是,你知道运送废纸的卡车去哪儿了吗?哈哈,一起跟着"废纸先生"来探险吧!

1 成为废纸

你好,我是废纸先生。曾经作为一张崭新的纸,我游历过很多地方,也遇到过很多有趣的人和事。但现在,破烂不堪的我被人抛弃了。

6 脱墨漂白

然后,我们被浸泡在各种化学药剂中。看,这些神奇的药水,一下子就把我们身上的墨水痕迹去掉了,还让我们的身体变得洁白而柔软。

7 变成湿纸

我们最终进入了一个比足球场还大的厂房里,从长长的、不断筛动的过滤筛上流过,身体里的水不断地被排出。接着在巨大滚筒的挤压下,那些多余的水分再次滴滴答答地从我们身体里流出来,而我们也被挤压成了一张又长又薄的湿纸。

8 烘干

变成湿纸的我们,就像玩过山车一样,一会儿高一会儿低地从一个个冒着热蒸汽的金属滚筒上穿过,好玩极了!而我们的身体也很快被烘干了。

2 到回收中心

幸运的是，我被人们送到了回收中心，这里有很多像我一样的小伙伴，比如废旧的报纸伯伯、杂志小姐、纸箱哥哥等。我们将在这里重新被挑选、整理，并被挤压成很多大大的纸堆。接下来，我们还将开始一次全新的探险之旅，大家都很期待哦！

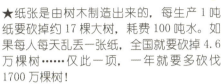

小纸片环保课

★纸张是由树木制造出来的，每生产1吨纸要砍掉约17棵大树，耗费100吨水。如果每人每天乱丢一张纸，全国就要砍掉4.6万棵树……仅此一项，一年就要多砍伐1700万棵树！

★但是如果对1年的报纸进行回收利用，就能使1.5棵粗14厘米、高8米的树木免遭刀锯砍伐之灾。希望大家一起保护树木。

3 有趣的造纸厂

我们乘坐着大卡车，一路颠簸来到了造纸厂。这里看起来好像很有趣，大大的厂房里运转着很多机器。坐在长长的传送带上，我的心情还有点紧张呢！

4 搅成纸浆

传送带一路呼啸着将我们送进了巨大的混合池里，这里被放入了滚烫的沸水和很多化学药剂，还有旋转的叶片不停地搅拌着，就像在漩涡里冲浪一样，这可一点儿都不好玩。晕头转向的我们很快就被搅成了纸浆。

5 去除杂质

接着，我们一路向前又来到了筛选机，那些混在我们队伍里的订书钉、胶水、线头等家伙全部被清理出去。

9 成为新纸

最后，我们被卷成一个巨大的纸卷，并被裁切成各种各样的尺寸，制作成各种各样的纸张和纸制品。哈！我现在又成为一张新纸啦！

小纸片生活课
制作一张属于你的手工花草纸

废纸不仅可以重生，还可以在你的灵巧双手下，变成一张张有着美丽图案的手工花草纸。发挥你的创意，一起动手试一试吧！

制作方法

工具
废纸、水、脸盆、果汁机、面粉或淀粉、造纸框或纱网、新鲜的花草

1 将废纸剪成尽可能小的碎纸片，浸泡在水中24小时。

2 捞取湿纸片，以纸、水1:2的比例，倒入果汁机中打成糊状的纸浆。

3 再将纸浆倒进脸盆，并加入与纸浆等量的水。然后，放入少许淀粉或面粉搅匀，这样可以使纸面比较光滑。

小实验：不会变湿的纸巾

把纸巾放在水里，它竟然安然无恙，这是怎么回事？为什么纸巾不会变湿呢？这里面究竟有什么奥秘？一起做实验来看看吧！

实验步骤

—— 材料 ——
水、玻璃杯、纸巾

1 取一张纸巾，揉成一团。

2 把纸巾团推向杯底，不要让它掉下来。

3 把玻璃杯倒过来，垂直向下扣进盛水的容器中。

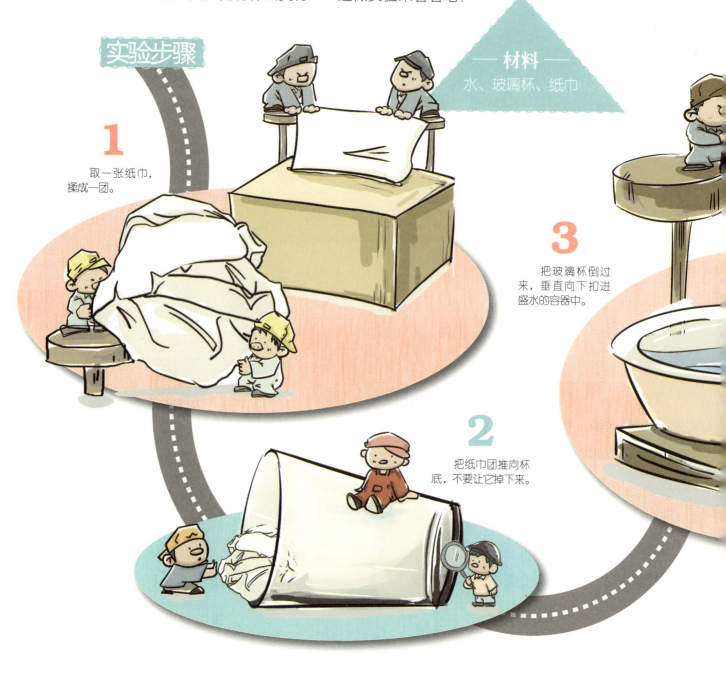

实验原理揭秘

原来我们看到"空空"的杯子中充满了空气，当杯口朝下垂直放入水中时，杯子和水一起形成一个封闭的空间，杯中的空气无处排放，就会挤压着水，不让水进入杯中，纸巾就不会被浸湿了。当杯子倾斜侧放，不能形成一个封闭空间时，空气从倾斜的杯口溜走，水便进入杯子，纸巾就浸湿了。

关于纸的真真假假

关于纸的真相你知道多少?一起来看看吧。这个好玩的游戏会告诉你,什么是真的,什么是假的。

1 卫生纸可以用来擦嘴!

卫生纸是厕所专用纸,它可以使用废纸做原料,并添加荧光剂,因此卫生标准较低,不但不能用来擦嘴,也不能用来擦水果、餐具等。

2 纸巾和厨房用纸可以用来擦嘴!

纸巾和厨房纸必须使用原生浆,不能用回收纸做原料,且不能添加任何有害化学物质,可以说是卫生标准最高的纸。因此,可以放心地用来擦嘴。

3 纸巾可以扔在马桶里!

千万不要再犯这种错误啦!为了使纸巾在擦汗时不容易被撕破,制作时特意将纸张的韧性加强,使其不易溶解在水里,因此很容易堵住下水道。

5 中国古代曾禁止用写字的纸擦屁屁！

你可能都想象不到，从唐朝到清朝1000多年时间里，官方一直都在禁止用写过字的纸来擦屁屁。因为，当时的读书人觉得字和纸是高雅的东西，是用来承载文化和思想的，怎么可以用来上厕所呢？为此，还特意制定了许多条法律来限制使用。

4 棉花也能造纸！

除了木质纤维，棉花也能造纸。钞票就是用的这种棉花纤维，它不但结实，还能发出清脆的响声用来辨识真伪。

6 购物小票上的字会逐渐消失！

购物小票用的是热敏纸，纸上有一层薄薄的热敏涂料。打印机的热度一高，热敏涂料就会发生化学变化，从而显示清晰的文字和图像。但这种热敏涂料在空气中会被氧化，一个月内就会产生自然褪色的现象，字就慢慢淡了，直至消失。

7 大象便便可以造纸！

想不到吧，有些贺卡、台历、笔记本的纸竟是用大象的粪便制成的。大象的食物以植物为主，因此粪便里含有许多没被消化的草茎、纤维，这可是再好不过的造纸原料！

小纸片旅行记

我和我的小伙伴曾经到世界各地去旅行,在旅途中遇到和听说了很多有趣的故事……

1 电力纸汽车

日本制造了全球第一辆以纸为材料的电动汽车。整个车身用日本传统手制的"和纸"组合而成,以电力驱动。它外形美观,最高时速可达125公里。最令人惊奇的是汽车行驶时,车厢会发出亮光,因此汽车制造商给它取了一个名字叫"萤火虫"。

2 舒适的纸家具

想不到纸也能做家具吧,看这些纸桌、纸椅、纸柜等,其外形和色彩与其他材质的家具相似,而且使用时也和木家具一样舒适。

3 坚固的纸房子

几年前,美国为了给数以千计的流动农业人口提供住处,曾推出一批应急的纸房子。经过风吹雨打,它们依然坚固如初,且防水、防虫、耐高温。据专家推算,这种纸房子的有效使用期限为15~20年。

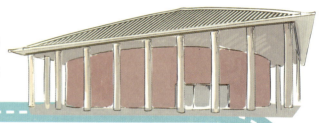

4 汽车压不垮的纸桥

有一个国家已用一种特制的纸建成一座跨度15米、宽3米的纸桥,桥上可通过重达3吨多的汽车。

5 美丽的纸婚纱

被誉为"日本婚纱大王"的桂由美女士,曾在上海浦东展览馆的婚礼节上,展示了一种用纸制作的婚纱。

6 可以吃的纸

美国制造了一种食物纤维报纸。它用可以吃的油墨印出文字,经消毒灭菌后出售给读者。读者阅读完报纸后,可以把它当作食物饱餐一顿。